OETINGER
34

Für meinen Besten
Freund von
Kips

30.10.2020
J.

SMO & MrB

Weil Hate
die Faust ballt und
wir dagegenstehen

Mit Illustrationen von Katharina Staar

1

»Kannst du uns erzählen, wie alles anfing?«

»Klar. Eigentlich könnten Jamie und Samir das viel besser selbst, aber das ist ja euer Konzept.«

»Genau. Wir möchten die Künstler in unserer Sendung aus der Sicht eines Menschen zeigen, der ihnen nahesteht. Also, magst du uns etwas von Jamie und Samir erzählen? Wie haben die beiden sich kennengelernt?«

»Das ist eine irre Geschichte ...«

Ein Dorf namens Osterhude im Norden Deutschlands. Gefühlt mehr Kühe als Einwohner und das Osterhuder Meer – nicht mehr als eine Pfütze Wasser, die ein wahres Prothesengeschwader anlockt: überall Reisebusse voller Rentner. Dazu eine Handvoll Dorfvereine mit den üblichen Parolen. Was machst du da mit fünfzehn, wenn du sportlich gesehen eine Niete bist und sowieso nirgends richtig dazugehörst? Du stehst immer irgendwie zwischen den Stühlen.

»Legal, illegal, scheißegal, Lena«, sagt Jamie immer und mit ein paar Abstrichen lebt er auch nach diesem Motto. Er ist mein Zwillingsbruder, zweieiig natürlich. Zum Glück zweieiig, sonst würde ich aussehen wie er: rote Haare, Sommersprossen. Wir unterscheiden uns aber nicht nur optisch. Jamie ist auch eher schüchtern und in sich gekehrt, während ich mit meiner manchmal etwas aufbrausenden Art, den dunklen Haaren und der blassen Haut weniger von unserem Großvater habe. Der stammt aus Irland und zog während des Zweiten Weltkriegs nach Deutschland, wo er unsere Großmutter kennenlernte. Das ist schon ewig her, und Jamie und ich waren noch nie in Irland – trotzdem gibt es

EIN HAUFEN AGGRESSIONEN, DER WUNSCH mal AUSZUHOLEN BLEIBT NICHT AUS.

immer wieder welche, die meinen, wir seien keine richtigen Deutschen. Vor allem Jamie hatte mit den Idioten in der Schule so seine Probleme …

Meistens war es stinklangweilig im Dorf, aber auch uns Dorf-Kids passieren hin und wieder echt aufregende Sachen. Zum Beispiel, dass wir, Jamie und ich, Samir kennengelernt haben. Nicht nur Jamie ist froh, Samir getroffen zu haben, und damit seinen engsten Freund und Crewkollegen. Auch ich bin sehr glücklich darüber.

Dabei sagt Jamie oft, dass das der schwärzeste Tag seines Lebens war, immerhin endete er auf einer Polizeiwache … Nicht gerade ein grandioser Start, möchte man meinen.

Und genau so begann auch Jamies Morgen. Er verließ wie immer zu spät unser Elternhaus und sprang auf sein Mofa. Mehr als fünfundvierzig war aus dem Ding aber einfach nicht rauszuholen. So stolperte er erst zum Stundenklingeln ins Klassenzimmer und rempelte dabei unabsichtlich Kevin an.

»Ey, pass doch auf, Mann!«, pöbelte Kevin und rempelte kräftig zurück. »Hast du keine Augen im Kopf, du Scheiß-Ire?«

Kevin bildete sich ein, der Babo der Klasse zu sein – er war nach zweimal Sitzenbleiben nicht nur der Älteste, sondern auch der Stärkste. Schon öfter hatte er Jamie irgendwelche Sachen abgezogen, um zu zeigen, wie krass er drauf war.

Jamie stolperte, und dabei fiel sein Blackbook aus dem Rucki.

Natürlich grapschte Kevin es sich. »Na, was haben wir denn da? Kleiner Künstler ist unsere Rostbeule, wa?«

»Gib das her, Junge!«, schrie Jamie, aber Kevin spielte das gute alte Hols-dir-doch-Spiel.

»Na los, du Lappen, hol dir dein Kritzelbuch«, stichelte Kevin. »Vielleicht frisst du es dann auch gleich!«

»Alter, such dir doch wen in deiner Größe, oder hast du dazu nicht die Eier?«, rief Jamie ihm zu. Er war echt wütend.

»Scheiß auf dich, Weichei, kannst nachher zugucken, wie ich den Dreck verbrenne!«, lachte Kevin.

Dabei wollte Jamie nach der Schule in die Stadt fahren und eine Wand malen gehen. Er hatte schon einen coolen Spot ausgesucht. Das stand auch auf dem Zettel, den er ins Book, an den Sketch für die Wand, geheftet hatte.

»Alter ...«, begann Jamie, aber da kam Herr Bayer rein. Der sollte das Blackbook natürlich noch weniger in die Finger kriegen als Kevin.

Nach der Stunde fand Jamie das Book auf der Fensterbank. Kevin hatte wohl keine Verwendung dafür, kein Wunder bei dem Holzkopf.

Natürlich war das nicht alles. Nach der Schule hatte Jamie mal wieder einen Zettel an seinem Mofa, auf dem stand: »Zum Glück ist dein Mofa noch nicht so rostig wie dein Kopf!«, und sein Vorderrad war platt. Reifen aufgestochen.

»Immer die gleiche Scheiße«, murmelte Jamie und schob los.

Zwei Stunden später – den Bus nach Girnhofer hatte er nach der Schieberei nach Hause gerade eben noch erwischt – bog Jamie in die kleine Seitenstraße ein, die er sich ausgeguckt hatte, um dort zu malen. Mit ihm im Bus hatte ausgerechnet Kevin gesessen, aber der hatte ihn diesmal in Ruhe gelassen. Und sobald Jamie vor der Wand stand und seine Dosen auspackte, war Kevin vergessen. Natürlich hätte er seine Aktion besser nachts gemacht, aber komm mal nachts mit Öffis vom Dorf aus in die Stadt. Tagsüber mitten in der Stadt malen, ist natürlich auch eher eine umnachtete Idee.

Jamie dachte nicht weiter nach, zückte sein Blackbook, eine Dose und fing an, die Outlines zu ziehen. Styles waren nicht sein Ding, er malte lieber Characters. Er hatte einen richtig coolen Wombat entworfen, na klar, mit Cap und Rucki, der die Arme verschränkt hatte und sagte: »Ich mach das hier nicht mehr mit!« Den wollte er auf der Wand verewigen.

Jamie liebte den Geruch der Farbe und das Klackern der Dose. Er musste schmunzeln, als der Wombat Gestalt annahm. Die Cap stand ihm fantastisch, und dieser bockige Blick, irgendwie fand er sich in dem Character wieder. Genau so fühlte er sich gerade. Beim Malen war Jamie immer sehr konzentriert. Wäre er etwas aufmerksamer gewesen, hätte er den schwarzen Opel Kombi wohl eher bemerkt. Der bremste kurz vor seinen Füßen, und zwei Polizisten in Zivil sprangen heraus.

Einer der beiden brüllte: »Halt, Polizei!«

Jamie erschrak und warf aus Reflex seine Zeichnungen auf ein Hausdach, danach erstarrte er und bewegte sich keinen Zentimeter mehr.

»Anstatt dass du wegrennst«, sagte ich später zu ihm. Aber nein, Jamie macht den Versteinerten.

»Ich hab dir ja gesagt, wir können dem Jungen glauben«, hörte Jamie einen der Bullen sagen, während er auf der Wache wartete.

»Aber wieso verpfeift er einen seiner Mitschüler? Doch bestimmt nicht aus Zivilcourage«, sagte ein anderer.

»Was solls?«, meinte der Erste. »Is doch nicht unser Problem, Nobbi.«

Jamie hatte das Gespräch zufällig mitgehört. Also war es echt Kevin, der ihn verpfiffen hatte? »So ein verdammter Hu...« Doch er brachte den Gedanken nicht zu Ende.

Denn in diesem Moment betrat ein etwa 1,80 Meter großer, dunkelhaariger, leicht braun gebrannter Junge an der Seite von zwei Streifenpolizisten den Raum. Er setzte sich ein paar Plätze von Jamie entfernt hin.

»Bei was hamse den denn gepackt?«, fragte Jamie sich.

Wir sind vergessene Jungs, fühl'n uns wie ausgestoßen /
Man testet uns, doch wir drücken uns aus in Strophen /
Ein Haufen Aggressionen, der Wunsch, mal auszuholen –
bleibt nicht aus, doch wir rasten nicht aus
und bleiben auf dem Boden /

2

»Und wie haben die beiden musikalisch zusammengefunden? Auf der Wache konnten sie ja nicht ahnen, dass sie beide dasselbe Hobby haben.«

»Ja, das war Zufall. Ein paar Tage später begegneten sie sich nämlich wieder ...«

Samir trat in die Eingangshalle. Er fühlte sofort diesen JUZ-Vibe, das Feeling, das jeder kennt, der schon mal auf einer dieser kleinen Jugendzentrums-Jams war. Zurückhaltend musterte er die Anwesenden. Aber er wusste ja, warum er hier war. Es war die Liebe zum Hip-Hop, die er durch das, anfangs nur sporadische, Texten entwickelt hatte. Für ihn war Hip-Hop eben mehr als nur Musik. Trotzdem war er etwas nervös. Als typischer »Vorstadtkanake« fühlte er sich in den anderen Stadtteilen nicht immer willkommen.

Samir lebte am Rand von Girnhofer. Das Viertel war ein Mix aus Schickimicki und Plattenbau. Hier trafen zwei Welten aufeinander: auf der einen Seite wohlhabende Familien in einer Vorortidylle wie aus dem Bilderbuch, auf der anderen Einwandererfamilien aus verschiedenen Ländern, die in der Siedlung am Kanal wohnten.

»Kanalingrat« nannten die Deutschen diese Ecke. »Die bleiben lieber unter sich, is auch gut so«, sagten viele. Genau auf der Grenze zwischen den beiden Vierteln lag ein Gemüse- und Spezialitätenhandel, der Samirs Vater gehörte.

Rap war ein großes Thema bei den Kids in Kanalingrat, das feierten alle. Ständig zeigte man sich neue Songs von krassen Rappern und

WIR RASTEN NICHT AUS und BLEIBEN AUF DEM BODEN.

schickte sie sich auf die Smartphones. Aber für Samir war Rap eben Leidenschaft und nicht nur oberflächliches Geprolle. Er mochte auch Künstler, die bei seinen Jungs als weich gespült verschrien waren. Und er hatte richtig Bock, selbst zu schreiben.

Deshalb war Samir jetzt hier. Wie jeden zweiten Freitag fand heute ein Hip-Hop-Workshop statt, bei dem Jugendliche aus der Umgebung an ihren Beats und Texten arbeiten konnten. Unter Aufsicht konnte man hier an verschiedenen Kursen teilnehmen und sogar das hauseigene Tonstudio nutzen. Am Schluss der Veranstaltungen traten oft mehr oder weniger bekannte Künstler auf. Wer sich traute, hatte auch die Möglichkeit, bei der Open-Mic-Session seine Skills zu zeigen.

In der hintersten Ecke des Raums sah Samir einen rothaarigen Jungen mit Kopfhörern am Laptop sitzen. Irgendwoher kannte er das Gesicht. Er ging zu ihm und setzte sich.

Nach einigen Minuten hob der Junge den Kopf und schaute direkt in Samirs Gesicht. »Ey, haben wir uns nicht letzte Woche bei den Bullen gesehen?«, fragte er. »Ach so, hi erst mal.«

»Daher, ja!« Samir war etwas beschämt. »Dachte mir auch gleich, dass ich dich irgendwoher kenne.«

Natürlich war der rothaarige Junge Jamie. Er erzählte, wie es zu seiner Verhaftung gekommen war.

»Okay, das ist schon bitter. Aber ich wurde beinahe richtig maßgenommen. Das war echt von Anfang bis Ende ein Scheißtag!«, sagte Samir und lachte. »Ich war am Morgen schon von der Schule abgefuckt! Herr Freising, der Otto, hat natürlich in der ersten Stunde immer den Schwarzkopf drangenommen.«

»Also dich?«, fragte Jamie grinsend.

Beide lachten.

»Und was der mich fragt, amk! Von wegen, wie das da ist, wo ich herkomme, der Nazi, ey.

Wo soll ich schon herkomm'? Ich bin Deuuutscherrrr, Alter!« Samir hatte seine Hitler-Voice sehr gut drauf.

Jamie fiel vor Lachen fast vom Stuhl. Nachdem er sich wieder eingekriegt hatte, erzählte Samir weiter.

Die Pechsträhne hielt an, als Samir in die Straßenbahn stieg, um nach Hause zu fahren. Natürlich eine Fahrkartenkontrolle. Widerwillig zückte er seine Schülerfahrkarte. Die üblichen misstrauischen Blicke auf das Foto der Monatskarte, Samirs Gesicht, wieder auf die Karte – und so weiter.

Dann sagte der Kontrolleur: »Das ist doch

sicher nicht deine, die gehört deinem Bruder, Cousin oder sonst wem aus deiner Sippe!«

»Ja, natürlich«, antwortete Samir, »und mein Bruder, mein Cousin und der Rest meiner Sippe laufen heute zur Arbeit«.

Daraufhin wusste der Kontrolleur, der sicher noch den einen oder anderen »Immer diese Schwarzköpfe«-Sprüche auf Lager gehabt hätte, nichts mehr zu sagen und ließ Samir weiterfahren.

»Immer die gleiche Scheiße«, fluchte der und stieg aus.

Am Bahnsteig in Kanalingrat traf er Hamid, einen Kumpel seines großen Bruders Rashid. »Was ziehste für 'ne Fresse, Mensch?! Scheißtag, oder was?«

Samir winkte ab.

Aber Hamid ließ nicht locker. »Komm mit zu den Jungs«, sagte er, »wir hab'n noch was zu erledigen.« Dabei grinste er wie der Joker persönlich.

Samir zuckte mit den Schultern und folgte ihm.

Sie bogen in eine Gasse, die Samir nur zu gut kannte. Sie waren auf dem Weg zu Mohammed, genannt Mo. Auch er war ein guter Freund von Rashid. Rashid hatte Samir schon früher, wenn auch widerwillig, zum Bolzplatz mitgenommen. Klar fand Samir es cool, wenn er mit den älteren Jungs abhängen durfte. Und Mo, der Großdealer des Viertels, behandelte ihn wie einen kleinen Bruder.

Bei Mo war wie immer volle Butze. Im Wohnzimmer hockten ein paar der Jungs und zockten Playstation, kifften und hörten die neuesten Rap-Scheiben.

Fast keiner der Jungs aus dem Viertel ging wie Samir aufs Gymi, sie besuchten die Real- oder Hauptschule nebenan. Aber Samir hing gern mit ihnen rum, auch wenn Kiffen und Scheißebauen hier auf der Tagesordnung standen. An Wochenenden wurden auch schon mal Partys der deutschen »Bonzen« gecrasht, denn »die haben es ja nicht anders verdient, die Nazis«!

Mo wies einen der Jungs an, Samir was zu trinken zu holen, und fragte: »Na, Kleiner, willste einen buffen, oder warum biste hier? Du weißt, dein Bruder reißt mir den Arsch auf.« Dann wandte er sich an Hamid: »Die haben schon wieder beinahe einen der Boten maßgenommen. Die Bullen kennen mittlerweile einfach jede Fresse, wir müssen echt vorsichtig sein. Wir brauchen jemanden, der nicht so auffällt. Fällt dir wer ein?«

Hamid schaute zu Samir und sah Mo fragend an.

»Mmmh ...« Jetzt sah auch Mo Samir an. »Komm mal mit rüber!«, sagte er.

Samir folgte ihm ins Nebenzimmer, hier bewahrte Mo das Dope auf.

»Willste deinem alten Kumpel Mo einen Gefallen tun? Springt auch was raus für dich«, sagte Mo zu Samir.

Der zuckte mit den Schultern. »Was soll ich machen?«, fragte er.

»Du belieferst zwei, drei meiner Kunden, alles Leute, die du kennst.«

Samir dachte an den Nebenjob, den er gesucht hatte – nichts hatte geklappt. Eigentlich hatte er nicht viel zu verlieren. »Warum nicht? 'nen richtigen Job kriegt man als Schwarzkopf ja hier eh nicht«, sagte er und schaute Mo an.

Der grinste: »Das is mein kleiner Bruder! Aber kein Wort zu Rashid!« Dann packte er die Pakete für die Kunden ab.

Im Prinzip war das Ganze für Samir nichts Neues, aber selbst so mittendrin zu sein, war schon krass. Mit gemischten Gefühlen zog er los. Er fand sich schon ein bisschen cool, aber er hatte auch ein wenig Schiss.

Die ersten zwei Stationen waren kein Problem, sie waren nur wenige Blocks entfernt. Auf dem Weg zum dritten Kunden fiel Samir auf, dass der kürzeste Weg direkt durch das Bonzenviertel führte. Als er an den Villen vorbeiging, kam ihm ein Gedanke: »Wie viele Botengänge muss ich wohl machen, um mir so eine Hütte leisten zu können?«

Er bog in eine kleine Einkaufspassage ein und war so in Gedanken versunken, dass er die alte Frau mit dem Dackel viel zu spät bemerkte. Er versuchte noch auszuweichen, aber zu spät ...

»Überfall! Zu Hilfe!«, schrie die Frau, als Samir sie anrempelte. »Der will meine Handtasche klauen!«

Samir war völlig perplex. Er hatte doch gar nichts getan – zumindest nicht absichtlich! Aber er schaffte es nicht, die Situation aufzuklären, bevor ein Polizist auf sie aufmerksam wurde. Blitzschnell packte er Samir am Arm. Der riss sich los, hörte hinter sich noch: »Halt, Polizei!«

Wie von der Tarantel gestochen, rannte Samir los. Er sprintete durch eine Gasse in die Seitenstraßen des Wohngebietes. Mit einem gefühlten Puls von 250 sprang er über einen Vorgartenzaun, während er versuchte, die übrigen Pakete aus seinem Rucki zu zerren und sie wegzuschmeißen. Dann sprang er über den Zaun auf der Rückseite des Gartens. Dabei blieb er mit seinem Hoodie am Zaun hängen und bremste sprichwörtlich mit dem Gesicht auf dem Bürgersteig. Samir rappelte sich auf und ging schnellen Schrittes weiter, ohne darüber nachzudenken, warum er gerade in diese Richtung humpelte. Fuck, Mo würde ausrasten, wenn er hörte, dass das Dope weg war! Und wenn Rashid das Ganze mitbekam, würde er Samir grün und blau prügeln.

Im Eifer seiner Flucht merkte Samir nicht, dass er geradewegs zurück zum Ort des Geschehens lief. Dass er direkt in die Arme der alten Dame und des Polizisten rannte, fiel ihm erst in dem Moment auf, als er beinahe das zweite Mal in sie reinlief.

»Da ist der Kümmeltürke!«, hörte Samir die Oma rufen, während er erschrocken auf dem Absatz kehrtmachte und erneut davonhetzte. Doch bevor er in die Seitenstraße abbiegen konnte, hörte er schon die quietschenden Reifen des auf ihn zurasenden Streifenwagens.

»Das wars, kurz danach saß ich bei den Amcas!«, lachte Samir. »Richtig bescheuert gelaufen.«

Jamie grinste. »Da lief es bei mir ja noch recht harmlos. Zum Glück sind wir beide mit einem blauen Auge davongekommen! Aber wieso bist du hier? Rappst du?«

»Na ja«, antwortete Samir, »ich schreibe Texte, gerappt hab ich sie bisher nur alleine und ohne einen Beat.«

Jamie zeigte Samir einige seiner Beats. Samir hörte, wie die Kickdrum reinkam, und schloss die Augen.

Wie eine Faust klatsche ich euch meine Parts ins Gesicht /
So ist das, wo ich leb, diese Straßen sind trist /
Wo ein Schwarzkopf für die Amcas nur ein Grasticker ist /
Doch wir steh'n zusamm', nein, wir verraten ihn' nichts! /

3

»Und wie kamst du zu den Jungs?«

»Oh, das ist eine weitere nicht ganz so schöne Geschichte ...«

Plötzlich wurde es dunkel. Samir und Jamie sahen sich im Raum um – es war keiner mehr da.

»So, Jungs! Wir machen Feierabend. Packt ihr bitte zusammen?«, rief der Workshopleiter ihnen zu. »Freue mich, wenn ihr nächstes Mal wieder dabei seid.«

Sie hatten gar nicht mitbekommen, wie schnell die Zeit verflog, weil sie völlig vertieft an ihren Ideen arbeiteten.

»Ach, Scheiße, so spät schon!«, fluchte Jamie. »Ich muss den letzten Zug kriegen.« Er packte den Laptop in seinen Rucki, und sie hetzten Richtung Ausgang.

Mein Bruder war total in seinem Musikfilm. Ich erinnere mich noch daran, dass seine Augen glänzten, als wäre er high, als wir uns wenig später sahen. Denn ich war an diesem Abend auch in der Stadt und traf hier das erste Mal auf Samir. Ich war auf dem Weg zu meiner besten Freundin Tanja. Am Hauptbahnhof musste ich in die Straßenbahn umsteigen, aber bis ich mich zum Bahnsteig durchgekämpft hatte, war die Bahn – na klar – direkt vor meiner Nase weggefahren. Ich beschloss, noch eben Geld abzuheben, Zeit hatte ich ja jetzt. Wie immer am Wochenende war der Bahnhof voller Leute, die bereits zusammen vorglühten, und zu allem Überfluss war an diesem Tag auch noch Heimspiel. Gruppen pöbelnder Fans überall. Ich drängelte mich durch die Menge zum Sparkassenautomaten gegenüber dem Bahnhof. Dort, dachte ich, wäre es sicher etwas ruhiger. Falsch gedacht. Als ich mein Geld aus dem Fach nahm und mich umdrehte, stand hinter mir plötzlich eine Gruppe angetrunkener Hooligans. Es waren vier.

Einer sagte: »Hey, Mäuschen, falls du noch ein bisschen mehr Kohle brauchst, ich hätte da 'ne Idee!«

Die anderen lachten.

Normalerweise bin ich echt nicht auf den Mund gefallen. Aber jetzt war mir schon etwas mulmig zumute, daher reichte es nur für ein mildes Lächeln und einen Mittelfinger. Nicht besonders klug.

Der Typ, ein Glatzkopf, packte mich und drückte mich unsanft gegen die Wand.

Ich war so perplex, dass ich im ersten Moment keinen Laut hervorbrachte. Aber dann versuchte ich mich loszureißen und schrie: »Verpiss dich, du Penner!«

Der Glatzkopf packte mich nur noch fester an

den Haaren und rief: »Bleib hier, du Schlampe, so leicht kommst du mir nicht davon!«

Ich schrie vor Schmerzen auf und rief um Hilfe.

In diesem Augenblick bogen Samir und Jamie um die Ecke. Mein Bruder erkannte meine Stimme und lief auf uns zu. Mit einem beherzten Sprung landete er mit dem Knie direkt im Rücken des Typen. Der flog von der Wucht erst mal ordentlich auf die Glatze. Jamie war maßlos in Unterzahl. Doch als er sich umdrehte, sah er, dass auch Samir bereits im Handgemenge mit den Hooligans war. Jamies erster Kontrahent war Gott sei Dank nicht mehr in der Lage, sich großartig zu wehren. Jamie sprang auf und stürzte sich sofort auf den Nächsten. So hatte ich meinen Zwillingsbruder noch nie erlebt. Er verpasste einem der beiden Typen, die mittlerweile auf Samir einschlugen, ein ziemliches Brett. Der Typ taumelte zurück und ging dann direkt auf Jamie los. Der kassierte ein, zwei harte Schläge, aber parierte

SO IST DAS, WO ICH LEB, diese STRASSEN sind TRIST.

besser, als ich es ihm zugetraut hätte. Samir war zwar zu Boden gegangen, aber trat von da aus in die Beine der Gegner.

»Was's hier los? Macht euch weg, ihr Pisser!«, rief plötzlich eine dunkle Stimme. Es war Mo, der mit seinen Jungs durch die City zog.

Einer der Hools wollte sich aufplustern, aber sein Kollege bremste ihn: »Lass gut sein, diese Dreckskanaken knüpfen wir uns noch vor!«

»Ich freue mich schon darauf!«, lachte Mo. »Dann könnt ihr mal gegen Männer kämpfen und nicht gegen Kids.«

Die Truppe machte sich pöbelnd aus dem Staub.

Mo wandte sich an Samir, der sich aufgerappelt hatte: »Jetzt schuldest du mir noch 'n bisschen mehr, Kleiner!« Dann drehte er sich um und ging.

»Das ist Lena, meine Schwester«, sagte Jamie, noch ganz außer Atem.

»Was geht ab?«, sagte Samir und grinste mich an.

Ich bedankte mich bei beiden und begutachtete die Blessuren, die sie davongetragen hatten.

»Ach, halb so schlimm!«, sagten die beiden wie aus einem Mund. Sie grinsten sich an.

»Shit, mein Zug!« Jamie verabschiedete sich hektisch und rannte los.

»Wo musst du lang?«, fragte Samir.

»Zur Linie 3 oder 7, stadtauswärts.«

»Na, das nenne ich mal Glück für dich. Da kannste meine Gesellschaft noch etwas länger genießen. Nicht dass du noch in eine Schlägerei gerätst oder so.« Samir lachte, und auch ich konnte mir ein Lächeln nicht verkneifen.

Tatsächlich mussten wir an genau derselben Station aussteigen, und Samir brachte mich bis zum Haus meiner Freundin.

Voll der Gentleman, dachte ich. Dass er genau in einem der Vorgärten in Tanjas Straße ein paar Tage zuvor das Gras von Mo hatte wegwerfen müssen, wusste ich zu dem Zeitpunkt noch nicht. Und dass er mich vor allem deshalb zu Tanja begleitet hatte, um noch mal nach dem Gras zu suchen ... Wäre mir das bewusst gewesen, vielleicht hätte ich ihn dann nicht ganz so toll gefunden.

Sie hassen, weil wir anders sind, und schlagen drauf /
Doch seh'n nicht, dass wir gar nicht anders sind,
ist das Licht mal aus /
Längst vergessene Parolen flammen wieder auf /
Sie werden wieder laut, zuhauf maschier'n sie auf /

SIE HASSEN WEIL WIR ANDERS SIND
und SCHLAGEN drauf
➡ DOCH SEH'N
NICHT
DASS WIR GAR NICHT
— ANDERS — SIND
IST DAS LICHT
MAL AUS

4

»Das war also deine erste Begegnung mit Samir?«

»Ja. In den nächsten Wochen hing er dauernd bei uns rum. Jamie hatte sich in der Scheune ein kleines Studio eingerichtet, und die beiden bastelten dort stundenlang an ihren Songs.«

»Aber dann gab es einen großen Streit?«

»Tja ... daran bin ich nicht ganz unschuldig. Samir und ich ... wir kamen zusammen. Irgendwie wollte er das Jamie nicht sagen, hatte wohl Schiss, dass der es nicht so gut finden würde, dass Samir was mit seiner Schwester hatte.«

»Und das war so?«

»Es hat sicher nicht geholfen, dass Jamie uns eines Abends überraschte. Jedenfalls ging er völ-

lig in die Luft und wollte nichts mehr mit Samir zu tun haben.«

»Du beschissener Wichser!«, schrie Jamie. »Sei froh, dass ich jetzt ins Studio gehe und nicht in die Küche zum Messerblock!«

»Jamie, warte!«, rief Samir und lief ihm hinterher.

Ich hörte, wie sich die beiden in der Scheune anbrüllten.

Kurz darauf kam Samir zurück und schnappte sich seine Sachen. Beim Rausgehen sagte er: »Ich haue ab, dein Arschloch von Bruder benimmt sich wie ein Bekloppter! Sorry, ich melde mich.«

ICH BIN NICHT SCHWACH, SODASS ICH'S NICHT AUCH alleine SCHAFF!

»Und Jamie? Konntest du nicht mit ihm reden?«

»Ich habs versucht. Mein Bruder ist ein echter Sturkopf ... Samir und ich trafen uns weiterhin, aber es war nicht mehr dasselbe. Er hat mir zum Beispiel nicht erzählt, dass er jetzt, wo er nicht mehr so viel Zeit mit der Musik verbrachte, wieder mehr mit Mo abhing und für ihn arbeitete. Hätte ich das gewusst, hätte ich vielleicht verhindern können, was dann passierte ...«

Ein Montagabend, ein paar Wochen später. Als ich mein Facebook checkte, fiel mir ein Post der lokalen Presse ins Auge:

»Nachwuchs-Gangster-Rapper aus Kanalingrat abgestochen!«

Mir wurde schlecht. Ich hatte Samir das ganze Wochenende nicht gesehen, und er war morgens nicht in der Schule gewesen – er meinte, er müsse seinem Vater helfen.

Draußen ließ Jamie sein Mofa an, um zum Bahnhof und von dort aus zum Jugendzentrum zu fahren.

Ich rannte raus. »Jamie, nimm mich mit zum Bahnhof, ich will noch in die Stadt.«

Im Zug wählte ich Samirs Nummer. »Wo bist du?«, fragte ich, und er sagte mir kurz und knapp, wo er lag. Es war also tatsächlich Samir, um den es in dem Artikel ging.

Wenig später betrat ich das Zimmer im Krankenhaus. Samir hatte ziemlich was abbekommen, aber er saß aufrecht im Bett und schrieb etwas in seinen Block. Dann sah er auf und entdeckte mich.

»Lena! Schön, dich zu sehen.«

Ich schluckte. »Ja, schön ... dich zu sehen. Wie ist das denn bloß passiert?«

»Ach, dumme Geschichte.« Samir grinste schief. »Bin irgendwie auf dumme Geschichten abonniert. Ich hab wieder häufiger was für Mo gemacht. Da gibts so 'ne Crew, hinten bei den Hochhäusern, echte Hooligans. Die feiern es gar nicht, wenn sich die Migranten in ihr Revier trauen. Richtige Nazis, verticken auch härtere Sachen und wollen das Viertel *kanakenfrei* halten.«

Samir ging durch einen der Tunnel in Richtung des Innenhofes der Hochhäuser. Es stank nach Pisse, und überall lagen Scherben rum. Die Wände waren voll mit schlechten Tags und Nazisprüchen, Hakenkreuzen. Die wenigen ausländischen Familien, die hier wohnten, waren von den deutschen Hartz-IV-Familien nicht gern gesehen. Vor den Hauseingängen lagen alte Möbel, kaputte Fahrräder und Müll.

»So sieht man sich wieder, Kameltreiber!«, hörte er plötzlich eine Stimme hinter sich. Als er sich umdrehte, blickte er direkt auf eine Gruppe glatzköpfiger, stämmiger Jungs mit Bomberjacken, die sich vor ihm aufbauten.

Samir erkannte sofort, dass es die Typen waren, mit denen Jamie und er sich am Bahnhof geprügelt hatten. »Was wollt ihr?«, fragte er angespannt.

»Wir haben eine Botschaft für dich und dein Gesocks!«

Bevor Samir irgendwas erwidern konnte, fing er sich schon die ersten Fäuste ein. Er stolperte zurück und schrie: »Das ist ein Fehler, ihr Wichser! Ich hoffe, ihr wisst, mit wem ihr euch hier anlegt!«

Einer der Typen kam auf Samir zu. Er packte

ihn am Kragen und sagte: »Ganz genau! Und dem kannst du ausrichten, dass eure Schwarzkopftruppe hier nix verloren hat! Hier haben nur die Deutschen das Sagen, und so bleibt das auch!« Er holte aus, und Samir machte sich auf einen weiteren Schlag gefasst. Doch der kam nicht. Stattdessen spürte er ein brennendes Stechen in der Seite. Kurz darauf wurde alles schwarz.

Ich hatte Jamie nicht erzählt, was passiert war und dass ich zu Samir wollte. Deshalb saß er wie gewohnt im Jugendhaus – und ärgerte sich mal wieder darüber, wie whack die Rapper dort waren.

SCHNELLER ALS DU GUCKEN KANNST, SPRINGST DU über die KLINGE

»Jamie, wo hast du eigentlich Samir gelassen? Voll lange nicht gesehen«, sagte Moritz, für den Jamie ab und an für Geld Beats baute.

»Der ist bei den Gangstern in die Lehre gegangen«, rief einer dazwischen. »Liegt doch im Krankenhaus, hat 'ne Klinge kassiert!«

Jamie war geschockt, als er das hörte. Was hatte der Idiot denn jetzt gemacht? Er versuchte, jeden Gedanken daran zu verdrängen, aber im Jugendhaus kotzte ihn gerade eh alles und jeder an.

»Ich muss los!«, sagte er zu Moritz. Jamie schnappte sich seinen Rucki und zog ab.

Was für eine Kackgeschichte, die Samir da erlebt hatte!

»Ich hab keinen Bock mehr auf den Scheiß, ballert gar nicht«, meinte er. »Ich hab schon mit Mo gesprochen. Für den ist das okay. Und dann gibts Neuigkeiten: Die haben mich echt gefragt, ob ich als Voract von Davis Dee auftreten will.«

Davis Dee, das war 'ne ziemlich große Nummer. Er machte politisch kritische, linkslastige Musik und war in der Szene ganz schön bekannt. Er sollte im Capital Club auftreten, wo er seine Deutschlandtour startete.

»Wow!«, sagte ich, »das ist doch mal 'ne richtig geile Chance!«

»Tja, aber auf wessen Beats soll ich rappen? Jamie wird mir wohl kaum welche dafür geben. Ist scheiße, das alles allein zu machen. Vielleicht fragst du deinen Bruder doch noch mal, was mit ihm ist?«

»Was mit mir ist?« Jamie war genau in die-

ICH STEH AUF, heb die FAUST.

IHR JUCKT MICH KEINE SPUR. wir sind nicht SCHWARZ ODER WEISS

HIP HOP

IST eine KULTUR.

sem Moment ins Zimmer gekommen. Im falschen Moment. Denn natürlich klang, was er gehört hatte, für ihn, als wolle Samir ihn nicht dabeihaben.

»Was redet ihr da schon wieder hinter meinem Rücken?«, rief er. »Ich hätt's mir gleich sparen können hierherzukommen! Wenn du, anstatt wieder Scheiße zu bauen, weiter mit mir Mucke gemacht hättest, wäre das hier gar nicht erst passiert! Aber wenn du denkst, du müsstest auf Alleingänger machen, viel Spaß! Und du genauso, Lena!«

Bam! Mit dem Knallen der Tür war Jamie auch schon wieder verschwunden.

Einen Moment war ich wie versteinert, dann lief ich Jamie nach. »Jetzt warte doch mal!«, rief ich.

»Worauf? Darauf, dass du mir wieder Lügen auftischst?«

»Welche Lügen? Drehst du jetzt vollkommen ab?«, fragte ich.

»Ach, geh doch zu deinem Samir und lass mich in Ruhe. Brauchst auch nichts mehr vor mir geheim halten, is mir eh scheißegal, was ihr macht!« Schon war er in der Fahrstuhlkabine und drückte den Knopf.

Die Türen schlossen sich zwischen uns.

Ich bin nicht schwach,
sodass ich's nicht auch alleine schaff /
Doch für meine Brüder hack ich mir,
wenns sein muss, beide Beine ab /
Freunde werden Feinde, sag mir ruhig,
dass ich spinne /
Doch schneller, als du gucken kannst,
springst du hier über die Klinge /

5

»Und Samirs Auftritt? War das der Durchbruch?«

»Na ja, Durchbruch … musikalisch gesehen vielleicht noch nicht ganz. Aber er hat zumindest einiges verändert …«

Das Konzert von Davis Dee war durch einige Vorfälle in den letzten Wochen noch mehr in den Fokus der Medien geraten. Davis Dee rappte sehr linkslastige Songs, und deshalb gab es immer wieder Ärger mit Rechtsradikalen, die seine Texte so gar nicht feierten. Bei einer Autogrammstunde hatten Nazis das Gebäude gestürmt. Jetzt waren manche ein bisschen besorgt, was beim ersten großen Konzert passieren würde.

Darüber machte sich Samir keinen Kopf, er hatte genug mit seinem Lampenfieber zu tun. Das alles alleine durchzuziehen, war schon krass, er hätte Jamie gern dabeigehabt. Aber immerhin rechnete er damit, dass Jamie da sein würde, denn der war großer Davis-Dee-Fan.

Samir war vor dem Auftritt kurz noch mal rausgegangen, um frische Luft zu schnappen, als er Jamie in der Schlange stehen sah.

Jamie wiederum hatte bemerkt, dass Samir aus dem Bühneneingang gekommen war, und versuchte, sich seine Verwunderung nicht anmerken zu lassen. »Hey, du auch hier?«, fragte er nüchtern.

»Wie du siehst«, sagt Samir kalt.

»Du machst den Support hier?«

»Jepp, kam relativ spontan, aber wollt ich mir nicht entgehen lassen.«

»Hätt ich auch nicht«, sagte Jamie.

Peinliche Stille.

Dann wandte sich Samir ab und ging weiter. Er wollte noch kurz allein sein, bevor es losging.

Eine Gruppe Davis-Dee-Gegner stand grölend auf der anderen Straßenseite, und immer mehr Fans pöbelten zurück. Aber je mehr von ihnen in der Halle verschwanden, desto mehr beruhigte sich das Ganze. Fürs Erste.

Samir hatte ebenfalls die Straßenseite gewechselt, weil er Ruhe brauchte. Er stand etwas abseits und ging noch einmal alle Zeilen durch. Bloß kein Texthänger. Zu spät bemerkte er, dass ihn einer der Davis-Dee-Hater beobachtete.

»Das ist doch unser Lieblings-Ölauge, Jungs!«, sagte der Typ.

»Stimmt«, antwortete ein anderer. »Der und sein Rostbirnen-Kumpel haben beim ersten Mal Glück gehabt, dass ihre Kanakenfreunde ihnen den Arsch gerettet haben.«

»Beim letzten Mal ist es nicht ganz so gut für ihn ausgegangen!«, grinste ein Dritter. »Und auch jetzt ist keiner da, um ihm zu helfen ...«

Drei aus der Gruppe umzingelten Samir und fingen an, ihn zu schubsen. Bald folgten erste Schläge. Samir wehrte sich, aber sie waren zu dritt – mal ganz abgesehen von den anderen Davis-Dee-Hatern, die in der Nähe standen.

Jemand rannte zum Eingang und versuchte, die Security zu Hilfe zu rufen.

Aber die Typen antworteten nur müde: »Sorry, das ist nicht unser Bereich, da haben wir keine Handhabe. Da musste schon die Bullen rufen.«

In diesem Moment drehte sich Jamie, der in der Einlassschlange inzwischen ganz nach vorn gerückt war, um und sah, was los war. Er zögerte. Er guckte. Und dann rannte er los.

Er sprang mit einem Satz gegen die drei Angreifer. Samir, der neue Hoffnung schöpfte, kam ihm zu Hilfe. Die Fäuste flogen. Jetzt griffen auch die anderen Davis-Dee-Hater ein. Für einen Moment sah es schlecht aus.

Und dann kamen die Türsteher auf die glorreiche Idee, mal ihren Job zu machen. Sie rissen das prügelnde Knäuel auseinander, und Jamie und Samir liefen auf den Eingang des Clubs zu.

Einer der Türsteher bedeutete ihnen, schnell reinzugehen. »Los, rein mit euch, bevor die Bullen antanzen. Die sollen die Schweine mitnehmen. Wir sagen, ihr seid abgehauen.«

In der Eingangshalle standen Jamie und Samir komplett außer Atem voreinander.

»Irgendwie déjà-vu-mäßig,« grinste Jamie.

»Klar, und ich hab wieder mehr kassiert als du«, lachte Samir. »Nee, Spaß beiseite. Danke dir, ohne dich läg ich jetzt wohl wieder im Krankenhaus.«

»Is doch klar!«, antwortete Jamie. »Wollte ja nicht, dass du deinen ersten großen Auftritt aus'm Krankenwagen erlebst. Was willst du spielen?«

»Im Grunde das Set, das wir bei dir fertig gemacht haben«, sagte Samir. »Nur halt, na ja, auf anderen Beats.«

Jamie griff in seine linke Hosentasche, zückte einen USB-Stick und schaute Samir an. »Falls du noch Zeit hast, was am Set zu ändern!?«

»Hast du die Dinger dabei?«, fragte Samir mit großen Augen.

»Klä! Immer am Start, weißte doch!«

»Gib her das Ding! Ich hab übrigens keinen DJ.«

»Na dann, altes Team, neues Glück oder so!«, grinste Jamie.

Fünf Minuten später. Stagetime. Die Bühne füllte sich mit Nebel, Jamie trat an die 1210er und startete den ersten Beat. Er fing an, das Publikum anzuheizen. Die Arme gingen hoch, Samir lief auf die Bühne und fing an zu rappen:

Ich steh auf, heb die Faust, ihr juckt mich keine Spur /
Wir sind nicht schwarz oder weiß,
Hip-Hop ist eine Kultur /
Kein Turn auf Straßenschlägereien, aber Antifa /
Lieber Phrasendrescherei: Wir sind zusammen stark /
Ich steh auf, heb die Faust, ihr juckt mich keine Spur /
Wir sind nicht schwarz oder weiß,
Hip-Hop ist eine Kultur /
Kein Turn auf Straßenschlägereien, aber Antifa /
Lieber Phrasendrescherei: Wir sind zusammen stark /

Wir sind vergessene Jungs, fühl'n uns wie ausgestoßen /
Man testet uns, doch wir drücken uns aus in Strophen /
Ein Haufen Aggressionen, der Wunsch, mal auszuholen –
bleibt nicht aus, doch wir rasten nicht aus
und bleiben auf dem Boden /
Wie eine Faust klatsche ich euch meine Parts ins Gesicht /
So ist das, wo ich leb, diese Straßen sind trist /
Wo ein Schwarzkopf für die Amcas nur ein Grasticker ist /
Doch wir steh'n zusamm', nein,
wir verraten ihn' nichts! /

Sie hassen, weil wir anders sind, und schlagen drauf /
Doch sehn nicht, dass wir gar nicht anders sind,
ist das Licht mal aus /
Längst vergessene Parolen flammen wieder auf /
Sie werden wieder laut, zuhauf maschier'n sie auf /
Ich bin nicht schwach,
sodass ich's nicht auch alleine schaff /
Doch für meine Brüder hacke ich mir,
wenns sein muss, beide Beine ab /
Freunde werden Feinde, sag mir ruhig,
dass ich spinne /
Doch schneller, als du gucken kannst,
springst du über die Klinge /

Ich stand an der Bar, meinen Drink in der Hand,
und war happy.

WIR sind ZUSAMMEN STARK

7 FRAGEN AN SMO (SIMON) & MRB (JANNIC)

Wie würdet Ihr Euch mit drei Sätzen beschreiben?
Wir machen es mal in drei Wörtern!
Jannic: koordiniert, kreativ, Sturkopf
Simon: chaotisch, kreativ, hungrig

© Britta Prause

Warum Oetinger34?
Es passte. :-) Das Thema hat uns sehr zugesagt und da haben wir losgelegt.

Was ist das Besondere an Eurem Text?
Es ist eine Mischung aus unserer Geschichte und dem, was heutzutage so abgeht. Was real und was »fake« ist, verraten wir aber nicht. ;-)

Wieso Musik?
Die Liebe zum Hip-Hop. Die Kultur rund um Rap & Writing – Graffiti und Breakdance. War so faszinierend, dass es uns früh als Kids schon gepackt hat.

Welches gesellschaftliche Thema liegt Euch besonders am Herzen?
Schon wie in unserem Buch beschrieben, liegt wohl der größte Fokus auf Rassismus und Integration. Wir versuchen mit unserer Musik und Workshops eben diesen »Schritt« zwischen beiden Seiten zu schließen. Keine Hautfarbe oder Religion sollte einem vorschreiben, wie und mit wem jemand leben darf.

Wovon träumt Ihr?
Frieden. Glück in der Familie und noch mehr Zeit für die Musik.

Ein Gruß an Eure Leser:
Wir hoffen, dass wir Euch Lust auf mehr gemacht haben ...

7 FRAGEN AN KATHARINA STAAR

Wie würdest Du Dich mit drei Strichen zeichnen?

Na ja ... fast drei.

Warum Oetinger34?
Mir gefällt die Teamarbeit von Anfang an. Das bedeutet mehr Feedback und mehr Inspiration, dadurch macht es noch mehr Spaß.

Was macht Deine Bilder unverwechselbar?
Das kann man selbst immer schwer beschreiben, was da wie aus den Gedanken aufs Blatt gelangt.

Wie würde sich ein Leben ohne Papier und Stifte anfühlen?
Bestimmt ganz furchtbar, daher: Gut, dass es sie gibt!

Welches gesellschaftliche Thema liegt Dir besonders am Herzen?
Tatsächlich liegen mir die meisten gesellschaftlichen Themen am Herzen. Wenn ich alt bin, würde ich gerne Karikaturen zeichnen.

Wovon träumst Du?
Momentan lebe ich eher das, wovon ich immer geträumt habe.

Ein Gruß an Deine Betrachter:
Ahoi, liebe Leser, schön, dass ihr dabei seid!

Edition Oetinger34

© Oetinger34, Hamburg 2016
ein Imprint der Verlag Friedrich Oetinger GmbH
Alle Rechte vorbehalten
Text und Idee von SMO & MrB
Illustrationen von Katharina Staar
Einbandgestaltung von Frauke Schneider
Satz: Arnold & Domnick GbR, Leipzig
Druck und Bindung: Finidr, s.r.o., Tschechische Republik
Printed 2016
ISBN 978-3-95882-034-0

Dieses Buchprojekt ist auf Oetinger34.de im Team entstanden.
Autoren: SMO & MrB
Illustratorin: Katharina Staar

www.oetinger34.de

Fühl den Beat!

Sandra Da Vina
Verlieb dich!
#textgold
ISBN 978-3-95882-021-0

David Friedrich
Schlag ein!
#textgold
ISBN 978-3-95882-022-7

Liebe. Ein Moment, in dem alles andere egal ist. Kathie ist unsterblich verliebt. In Marten von Hanneshausen – obwohl sie noch nie mit ihm gesprochen hat.

Freundschaft. Vielleicht war Augustine ja wirklich Torges große Liebe – aber jetzt ist sie fort. Und obwohl er manchmal ziemlich nervt, ist Jorek ein ziemlich guter Freund.

Jung. Echt. Impulsiv:
#textgold trifft mitten ins Herz.

OETINGER 34

www.oetinger34.de/buch

Slam Poetry meets Illustration.

Meral Ziegler
Feier dich!
#textgold
ISBN 978-3-95882-023-4

Jasper Diedrichsen
Dreh durch!
#textgold
ISBN 978-3-95882-025-8

Stolz. Ein Moment, in dem dir die Welt zu Füßen liegt. Als sie loszieht, hat sie das Glück in ihren Taschen. Der Gipfel ist über ihr, der Aufstieg beginnt.

Wut. Eigentlich wollte Niels doch immer nur Helene. Aber nie ist er zur richtigen Zeit am richtigen Ort. Dann kommt der Tag, an dem er verrückt wird.

Jung. Echt. Impulsiv: Die #textgold-Reihe trifft mitten ins Herz.

OETINGER 34

www.oetinger34.de/buch

Fühl den Beat!

Fee
Mach Fehler!
#textgold
ISBN 978-3-95882-027-2

Schuld. Ein Moment, in dem sich Abgründe auftun. Es gibt viele Dinge, die gute Freundinnen nicht machen – und trotzdem passieren sie. Irgendwie.

Jung. Echt. Impulsiv:
#textgold trifft mitten ins Herz.

Möchtest Du endlich genau die Bücher veröffentlicht sehen, die Du schon immer lesen wolltest? Möchtest Du dabei sein, wenn der nächste große Bestseller geschrieben wird? Willst Du vor allen anderen die spannendsten, kreativsten, überraschendsten Geschichten entdecken? Deine Meinung ist gefragt!

Bei uns tauschen sich Autoren und Illustratoren mit ihren Juniorlektoren und Lesern aus. Und Du bist mittendrin und erlebst hautnah, wie die Bücher der Zukunft entstehen.

Oetinger34 trägt die Hausnummer des Verlags im Namen, weil Du Dich bei uns zu Hause fühlen sollst. Egal, wo Du gerade bist: Logg Dich ein und sei dabei!

Werde Teil einer einzigartigen Kreativ-Community. Schreib mit uns Geschichte!

www.oetinger34.de/buch

Wer ist Freundin? Wer ist Feindin?
Wer spielt falsch?

Begleitet von Bestsellerautorin Rita Falk

Daniela Pusch
**Band 1: Secrets –
Wen Emma hasste**
240 Seiten · Ab 14 Jahren
ISBN 978-3-95882-061-6

Elisabeth Denis
**Band 2: Secrets –
Wem Marie vertraute**
240 Seiten · Ab 14 Jahren
ISBN 978-3-95882-063-0

Lara De Simone
**Band 3: Secrets –
Was Kassy wusste**
240 Seiten · Ab 14 Jahren
ISBN 978-3-95882-065-4

Alle Bücher auch als ebook

Die Erste ist erfolgreich und beliebt. Die Zweite still und unsicher. Und die Dritte verdreht einfach jedem den Kopf. Trotzdem sind Marie, Emma und Kassy beste Freundinnen. Bis Marie auf ihrer eigenen Party tot aufgefunden wird. Ein Selbstmord? Jeder aus Maries Umfeld scheint etwas verbergen zu wollen. Doch die dunkelsten Geheimnisse hüten die drei Freundinnen voreinander ...

Die Welt von SECRETS:
#secrets
www.secrets-trilogie.de

OETINGER 34

www.oetinger34.de/buch

Fantasy meets Mystery

Begleitet von Bestsellerautor Bernhard Hennen

Natalie Matt · Silas Matthes
**Kings & Fools.
Verdammtes Königreich**
ISBN 978-3-95882-069-2

Natalie Matt · Silas Matthes
**Kings & Fools.
Verstörende Träume**
ISBN 978-3-95882-070-8

Natalie Matt · Silas Matthes
**Kings & Fools.
Verfluchte Gräber**
ISBN 978-3-95882-071-5

Ein teuflischer König. Ein Reich voller Schatten. Ein unterirdisches Internat. Tritt ein in eine Welt, in der das falsche Wissen tödlich ist.

Kings & Fools featured by Bestsellerautor Bernhard Hennen: »Überraschend, modern, intensiv. Was für ein Fantasy-Debüt!«

Erschaffe die Welt von Kings & Fools:
#kingsandfools
www.kingsandfools.de

OETINGER 34

www.oetinger34.de/buch